LAS DOS FRIDAS

Recuerdos escritos por

Frida Kahlo

Ilustraciones:

Gianluca Folì

LIBROS DEL ZORRO ROJO

Debo haber tenido seis años cuando viví intensamente la amistad imaginaria con una niña… de mi misma edad más o menos.

En la vidriera del que entonces era mi cuarto,
y que daba a la calle de Allende, sobre uno
de los primeros cristales de la ventana, echaba vaho.
Y con un dedo dibujaba una «puerta»…

Por esa «puerta» salía en la imaginación,
con una gran alegría y urgencia, atravesaba todo
el llano que se miraba hasta llegar a una lechería
que se llamaba PINZÓN…

Por la **O** de **PINZÓN** entraba y bajaba **INTEMPESTIVAMENTE** al interior de la tierra, donde «mi amiga imaginaria» me esperaba siempre.

No recuerdo su imagen ni su color.
Pero sí sé que era alegre – se reía mucho. Sin sonidos.
Era ágil. Y bailaba como si no tuviera peso ninguno.

Yo la seguía en todos sus movimientos y le contaba, mientras ella bailaba, mis problemas secretos.

¿Cuáles? No recuerdo. Pero ella sabía por mi voz todas mis cosas…

Cuando ya regresaba a la ventana, entraba por la misma puerta dibujada en el cristal.

¿Cuándo? ¿Por cuánto tiempo había estado con «ella»? No sé.
Pudo ser un segundo o miles de años…

Yo era feliz. Desdibujaba la «puerta» con la mano y «desaparecía».

Corría con mi secreto y mi alegría hasta el último
rincón del patio de mi casa, y siempre en el mismo lugar,
debajo de un árbol de cedrón, gritaba y reía.
Asombrada de estar sola con mi gran felicidad
y el recuerdo tan vivo de la niña.

Han pasado 34 años desde que viví esa amistad mágica
y cada vez que la recuerdo, se aviva y se acrecienta
más y más dentro de mi mundo.

Pinzón, 1950. Frida Kahlo

Algo más sobre Frida Kahlo

Frida es una pintora muy famosa, posiblemente la más famosa del mundo. Sus cuadros son inconfundibles, porque en ellos siempre aparece su retrato. Este libro rescata un fragmento de su diario, un recuerdo de su infancia que escribió en hojas color marfil, llenas de ideas, garabatos, dibujos y pequeñas anécdotas de su vida. Aquí son las palabras, y no las pinturas de Frida Kahlo, las que importan. Su relato nos invita a viajar a México, su país natal, a su barrio, Coyoacán, uno de los más bonitos de Ciudad de México, y a su casa, la Casa Azul, una casona que por dentro y por fuera parece un pedazo de cielo.
Frida nació allí mismo, el 6 de julio de 1907. Existen montones de fotos de cuando era niña, de ella y de sus hermanas, Matilde y Adriana, las mayores, y de Cristina, la más pequeña y con quien más jugaba. Su padre, Guillermo Kahlo, era un fotógrafo de origen alemán.

Magdalena Carmen Frida Kahlo Calderón.

A las niñas les encantaba posar con llamativos trajes regionales, coloridos y llenos de encajes, que les cosía su madre, Matilde Calderón. La infancia de Frida, sin embargo, también tuvo momentos terribles. No había hecho más que empezar el colegio, cuando sufrió una enfermedad que afectó a su pierna derecha. Andaba con dificultad, pero esto no le impidió jugar al fútbol con Cristina, o subirse a los árboles. Fue en esa época cuando Frida encontró a su amiga imaginaria, así nos lo cuenta en su diario. Y debió ser una amiga muy importante porque no la olvidó jamás, e incluso le dedicó un cuadro, se titula *Las dos Fridas*, y lo pintó en 1939.

«Pinto flores para que así no mueran.»

«El arte más poderoso de la vida es hacer del dolor un talismán que cura, una mariposa que renace florecida en fiesta de colores.»

Frida Kahlo es un icono para muchos artistas.

¿Por qué Frida casi siempre hacía autorretratos? Ella lo explicó muchas veces. Por culpa de un grave accidente pasó muchos días, meses, años, postrada en una cama. Pintaba entre las sábanas, y se había hecho poner un espejo enfrente. Era lo que mejor conocía: a Frida. Su vocación como pintora fue creciendo con ella: todo lo que hacía, pensaba o amaba se reflejaba en su pintura. Se casó con Diego Rivera, otro pintor mexicano; amaba su país, su cultura; luchaba por sus ideales, por la libertad de hombres y mujeres; por la justicia, pero también por la belleza de la vida. Era una mujer revolucionaria. Pero antes, mucho antes, fue una niña que vivió una amistad mágica, feliz y llena de asombrosos secretos.

A te, Paola, mio biondo sole.
G. F.

Título original: *Origen de las dos Fridas. Recuerdo*

© 1950, del texto: Familia Kahlo y Familia Kahlo S.A. de C.V.
© 2019, de las ilustraciones: Gianluca Folì

Esta obra, las fotografías, imágenes, audiovisuales y/o cualquier reproducción gráfica de la artista Frida Kahlo son productos intelectuales protegidos en favor de Familia Kahlo S.A. de C.V. La titularidad de estos derechos se encuentra reconocida por la Ley Federal del Derecho de Autor. Se prohíbe su producción, reproducción, importación, almacenamiento, transporte, distribución, comercialización, venta o arrendamiento, así como su adaptación o transformación y comunicación directa al público, sin la previa autorización por escrito del titular. La violación a esta prohibición constituye un delito y una infracción, sancionados conforme a los articula, 4, 24, fracción III del Código Penal para el D.F. en materia de fuero común y para toda la República en materia de fuero federal; 231 fracción III y 232 fracción I de la Ley Federal del Derecho de Autor.

© 2019, Libros del Zorro Rojo
Barcelona - Buenos Aires - Ciudad de México
www.librosdelzorrorojo.com

Esta obra es una realización de Libros del Zorro Rojo.

Dirección editorial: Fernando Diego García
Dirección de arte: Sebastián García Schnetzer
Edición: Estrella Borrego
Corrección: Sara Díez Santidrián

ISBN: 978-84-947735-6-3   Depósito legal: B-2453-2019

Primera edición: abril de 2019

Impreso en Eslovenia por GPS Group

No se permite la reproducción total o parcial de este libro, ni su transmisión en cualquier forma o por cualquier medio, sin el permiso previo y por escrito de los titulares del *copyright*. La infracción de los derechos mencionados puede ser constitutiva de delito contra la propiedad intelectual.

El derecho a utilizar la marca «Libros del Zorro Rojo» corresponde exclusivamente a las siguientes empresas:
albur producciones editoriales s.l.
LZR Ediciones s.r.l.